AF611328

GUIDE DU PÉLERIN

A

NOTRE-DAME DE BÉTHARRAM,

PAR

L'ABBÉ F. ROSSIGNEUX,

Ancien Professeur de Rhétorique, Licencié et Agrégé.

Elegit eam in habitationem sibi.
Elle a choisi ce lieu pour y faire sa demeure.

PAU,
IMPRIMERIE ET LITHOGRAPHIE DE É. VIGNANCOUR.

1855.

Vierge sans tâche, fille, épouse et mère de Dieu, notre espérance, notre bonheur et notre vie, voici, à vos pieds et aux pieds du saint enfant Jésus, votre trésor et le nôtre, un petit abrégé de toutes les grâces qu'il vous a plu et qu'il vous plaît encore de répandre sur nous, dans le sanctuaire que vous avez choisi pour votre culte et notre consolation.

Daignez agréer ce livret composé en votre honneur pour reconnaître vos bienfaits et satisfaire à l'empressement de vos dévots serviteurs. Il est informe comme toutes nos œuvres, et, s'il ose bien se présenter à vous, c'est pour recevoir de vous l'agrément qui lui manque et que vous seule pouvez lui donner; il attend votre grâce pour être bien reçu de ceux qui le liront; il attend de vous la lumière pour les instruire, la dévotion pour les animer, la douceur pour leur plaire.

Si vous lui donnez votre bénédiction, il ira gaîment publier çà et là vos miséricordes et répéter en cent lieux les noms de Jésus et de Marie. Mère du petit Jésus, accordez-lui cette faveur à cause de sa petitesse et de son dévouement; car il est à jamais voué, dédié et consacré à votre service et à votre plus grande gloire.

Vive Jésus!.... Vive Marie!....

20 Mai 1855.

AVANT-PROPOS.

Il y a des lieux, comme il y a des hommes, pour qui la nature et la grâce ouvrent tous leurs trésors : ce sont des lieux prédestinés. Le doigt de Dieu s'y montre et y attache un signal pour les peuples, afin qu'ils y viennent demander le rafraîchissement de l'âme, qui est la contrition, et le pain du cœur, qui est le divin amour. Telle est la Terre-Sainte, visitée depuis dix-huit siècles par la piété des fidèles, que n'ont pu arrêter les persécutions des Juifs, des Païens et des Mahométans; telle est Rome et le seuil des apôtres.

Marie, qui règne avec Jésus-Christ dans les Cieux, qui partage les soins de sa providence sur son église, Marie, le fléau des hérésies, le refuge des pécheurs, le canal de toutes les grâces, Marie aussi destine certains lieux au soulagement de ses enfants et à la plus grande gloire de Dieu. Elle connaît la faiblesse humaine; elle sait que l'accoutumance fait perdre aux choses leur prix, aux hommes leur mérite; que les miracles et la nouveauté sont les seuls remèdes à ce genre de maladie. Aussi choisit-elle, elle-même, sur la terre, des lieux que la nature rend plus propres à ses pieux desseins, et nous ne voyons pas qu'elle permette jamais à ses enfants de substituer leur choix téméraire au sien. Elle marque par des miracles la place où ils doivent venir implorer son secours; elle y descend et y fait sentir son aimable présence par une abondante distribution de grâces visibles et invisibles; enfin elle l'entoure de sa protection et de sa gloire pour y attirer en foule les justes et les pécheurs et pour y achever, loin des dangers habituels et domestiques, ce que la grâce essaie en vain parmi les occasions du crime et de la dissipation.

Bétharram est un de ces lieux privilégiés. C'est l'étoile du Béarn et la perle des Pyrénées, l'ornement de la plaine et le salut de la montagne, le foyer de la foi pendant les persécutions et la fontaine des eaux vives du Paradis durant la paix. L'habitant des villes y monte pour chercher l'isolement et le recueillement, la fraîcheur de la nature et de la grâce; le pâtre des montagnes y descend pour adoucir ses mœurs en entendant la parole de l'Evangile et pour élever son cœur à Dieu par le spectacle des belles et expressives cérémonies de l'Eglise. Les jeunes Lévites, que Dieu appelle à la pratique de ses conseils, y trouvent avec les avantages de la solitude une facile initiation à tous les secrets du ministère pastoral, et les enfants y ont un nid, où Marie les ramasse sous ses ailes pour les mettre à couvert des attaques de tous leurs ennemis.

Aussi le nom de Bétharram est-il cher à la piété, qui le répand au loin. Sa Chapelle et son Calvaire, connus, aimés et fréquentés par les pieux habitants du Béarn, du pays Basque, de la Bigorre, de la Gascogne et du Languedoc, ont éveillé l'imagination (1) des poètes et suscité

(1) P. Bastide de Tausian fit, vers le milieu du dix-septième siècle, un élégant poème en vers latins sur Notre-Dame de Bétharram. De nos jours, M. Vincent de Bataille a mis en jolis vers Béarnais une tradition sur le nom de Bétharram, qui signifie *Beau rameau*. Cette pièce fut couronnée le 12 mai 1839 par la Société Archéologique de Béziers, qui décerna à l'auteur une branche de laurier en argent. M. Bataille a fait hommage de ses trophées poétiques à Notre-Dame, en les déposant à côté de la statue de la Vierge au-dessus du maître-autel. Le peuple aussi a chanté Bétharram à sa manière. Sa piété naïve respire dans de rudes cantiques Béarnais.

de graves (1) historiens. La réputation de son pélerinage est ancienne, le père Poiré, de la compagnie de Jésus, dans sa triple couronne de la bienheureuse Vierge, que les Bénédictins ont réimprimée de nos jours, s'étend avec plaisir sur les merveilles opérées à Bétharram, et l'ancien président au Parlement de Pau, ensuite archevêque de Toulouse, l'illustre de Marca, en leur donnant l'autorité de son témoignage si éclairé et souvent oculaire, a confirmé pour toujours la foi naïve des peuples en ces nombreux miracles dûs à l'intercession toute puissante de Marie.

Ces merveilles sensibles ont cessé avec la per·

(1) François Poiré, né en 1584, mort en 1637. — Marca, né en 1594, mort en 1662, le père de l'Histoire du Béarn. — J.-P. Touton, Chapelain de Bétharram, fit paraître en 1788, pour satisfaire à la pieuse curiosité des pélerins, une courte histoire de Bétharram. — Enfin, M. l'abbé Menjoulet, dont la savante et pieuse chronique parut à Pau en 1843, a fixé pour toujours l'histoire de ce pélerinage. Nous n'aurions jamais pensé à rien faire paraître de nouveau sur ce sujet sans l'empressement toujours croissant des personnes, qui, désirant connaître Bétharram, ne peuvent se procurer l'ouvrage de M. Menjoulet.

sécution du protestantisme et le rétablissement de la foi catholique, qui leur est dû en partie, et qui, depuis le règne réparateur de Louis XIII, n'a pas été ébranlé dans ce pays, même par la révolution Française. Ne désirons pas le retour de ces guérisons miraculeuses. Dieu, il est vrai, les opère en faveur de ses serviteurs fidèles; mais c'est le plus souvent ou pour les soutenir durant les persécutions, ou pour convertir leurs frères infidèles. Il faut des merveilles sensibles et, pour ainsi dire, des coups d'éclat pour effrayer les persécuteurs et réveiller des âmes entièrement plongées dans la chair et le sang. Grâces à Dieu, la foi catholique n'a pas besoin aujourd'hui de ces secours extraordinaires pour se soutenir dans nos contrées, et tandis que tout autour de la France, en Espagne, au Piémont, en Suisse et dans le grand duché de Bade, l'ennemi du genre humain soulève des persécutions contre la sainte Eglise, notre pays jouit d'une paix religieuse satisfaisante.

Ce qui distingue aujourd'hui Bétharram, c'est la multitude des conversions de mauvais chrétiens, que le zèle de Marie et de ses missionnaires opère dans tout le diocèse de Bayonne. Elle a si fort multiplié le nombre de ces ouvriers de salut dans ces dernières années, que l'on voit manifestement sur la maison de Bétharram le doigt, la main et le bras de Dieu, pour parler comme les saintes écritures. Son doigt la signale, sa main l'enrichit tous les jours de nouvelles faveurs, son bras la défend. Plus redevable à la pieuse et tendre sollicitude de Mgr Lacroix qu'elle ne l'a jamais été envers ses prédécesseurs sur le siège de Bayonne ou de Lescar, cette humble maison s'est relevée avec avantage du deuil où l'avait plongée la révolution de 1789, et d'où MM. d'Astros et d'Arbou ne l'avaient point, à beaucoup près, entièrement retirée. Ce prélat, dont la haute et ferme sagesse continue l'œuvre de ses devanciers avec une grande douceur et un égal succès, vit dès les premiers jours de son gouvernement, les destinées que la Providence réservait à Bétharram, et il s'est plu dès-lors à coopérer dans le Seigneur à leur accomplissement. Le Ciel n'a point laissé ses soins sans récompense. Jamais Bétharram n'a été, spirituellement, aussi florissant : son avenir est plus brillant encore que son passé.

I.

DESCRIPTION DE BÉTHARRAM.

BÉTHARRAM est situé à vingt-cinq kilomètres de Pau, sur la route qui conduit aux eaux de Bagnères, de Cauterets, de Barèges et de Saint-Sauveur, et qui suit les bords du Gave jusqu'à sa double et magnifique source, le lac de Gaube et le cirque de Gavarnie. La belle plaine de Nay vient s'y terminer en pointe, entre deux rangs de côteaux, fermés tout-à-coup par l'extrémité d'une chaîne de montagnes, derrière laquelle s'élèvent des crêtes plus hautes, presque toujours couvertes de neige.

Au pied et au centre de cet amphithéâtre gigantesque la chapelle de Bétharram brille et se cache tout ensemble parmi la verdure des bois qui la dominent. Adossée du côté du midi à l'Etablissement des Missionnaires et pressée à l'ouest par les rochers du Calvaire taillés à pic, elle lance dans le Ciel son clocher et sa jolie flèche, continue à l'est la noble façade du Monastère et présente aux pélerins, qui viennent du côté de Lestelle, son portail de marbre, où ils sont reçus par la gravité des quatre Evangélistes et le sourire de la Sainte-Vierge et de l'Enfant Jésus.

Il faut voir de l'extrémité du village cette Chapelle baignée d'un côté par le Gave, que franchit un pont hardi d'une seule arche couverte de lierre tombant en festons, voilée de l'autre par les ombres du Calvaire et détachant ses fraîches masses sur un fond éblouissant de soleil et de neige. Les artistes comprennent la beauté de ces riches contrastes et de ces suaves harmonies ; ils aiment Bétharram ; ils y viennent en foule essayer leur talent et lutter contre la nature ; mais ils ne peuvent reproduire qu'imparfaitement l'œuvre du Créateur et de la meilleure des Créatures.

Ce n'est pas sans motif que Notre-Dame a maintenu le choix qu'elle avait fait de ce lieu, comme nous le verrons plus loin, contre les entreprises des pieux habitants de Lestelle. L'humble et dévote Chapelle incrustée dans le roc ne représente-t-elle pas à merveille la grotte de Bethléem, où les pâtres du voisinage vinrent adorer le Verbe fait chair ? Le Gave, qui coule en silence à ses pieds entre les rochers bordés de peupliers et de saules, n'est-il pas l'image de ces eaux paisibles de Siloë, figure du Messie, et de ces fontaines du Sauveur, révélées par le prophète Isaïe ? A gauche, les champs fertiles, les prés et les vignes de Montaut reposent et charment la vue, comme le culte de Marie repose et charme l'âme dévote ; à droite, au sommet du Calvaire, la nature nous offre successivement l'aspect mélancolique des fermes solitaires du hameau, puis des proportions plus grandes, des lignes plus raides, enfin un dépouillement, une nudité et une aridité, qui conviennent admirablement au culte de la Croix.

A côté de la Chapelle est une fontaine miraculeuse, dont les eaux longtemps taries et rebelles au travail de l'homme recommencèrent à couler d'elles-mêmes la veille de l'Assomption de l'an 1622. Cette merveille servit d'encouragement aux prêtres, qui relevaient alors les ruines de Bétharram. Plusieurs personnes recouvrèrent la vue après avoir fait leurs dévotions à la Chapelle et lavé leurs yeux à cette fontaine (*). Elle est nouvellement réparée et modestement ornée en l'honneur de la Sainte-Vierge.

L'intérieur de la Chapelle se fait remarquer par sa riche décoration. Le maître-autel, d'un bois travaillé avec art, garnit tout le fond du sanctuaire de ses ornements dorés : ce sont des colonnes torses entourées d'anges et de feuillage, symbole de la sainteté et des frais ombrages, qui ont fait donner à ce lieu le nom de Bétharram, quatre grandes figures apostoliques et divers

(*) V. de Marca, ch. 3, 8, 13.

reliefs d'architecture. La blanche statue de la Vierge se détache au milieu de ces dorures et produit un heureux effet en attirant d'abord les regards.

A droite est l'autel de *la Pastoure* ou Bergère, qui conserve la tradition sur l'origine de Bétharram ; il représente en bas-relief l'image miraculeuse de Marie au milieu des petits bergers qui la découvrirent. A gauche on honore Saint-Joseph. Près de la porte d'entrée se trouve l'autel de Notre-Dame de Pitié, et de l'autre côté *le trésor*, où la piété des fidèles vient déposer aux pieds de Notre-Dame ses offrandes pour l'entretien de la Chapelle. On peut voir à la sacristie une marque de la dévotion que la comtesse de Chambord a pour la Vierge de Bétharram ; c'est sa robe de noces qu'elle lui a consacrée.

Nous empruntons à l'exacte curiosité de M. l'abbé Menjoulet la description des peintures de l'église :

« Ce sont les tableaux, qui mettent à
» part l'oratoire, que nous décrivons. Les
» murailles en sont tapissées. De la porte
» aux autels, dans la grande nef et les
» bas-côtés, depuis la hauteur d'appui jus-
» qu'au-dessus des fenêtres, c'est une pro-

» fusion étonnante de sujets religieux, les
» uns sur tuile, les autres sur bois. La plu-
» part de ces tableaux portent des person-
» nages de grandeur naturelle ; s'ils ne
» sont pas tous exécutés avec un égal ta-
» lent, il n'en est aucun, qui ne se re-
» commande par un ton de convenance
» parfaite.

» Au reste ne vous figurez pas que ces
» sujets soient jetés là pêle-mêle et sans
» ordre. Au contraire, en parcourant avec
» soin cette collection nombreuse, on est
» charmé de la sagesse qui a présidé à leur
» choix et à leur placement....

» Dans la nef, huit grands tableaux,
» quatre de chaque côté, placés entre les
» arceaux et les fenêtres, représentent les
» principales circonstances de la *vie cachée*
» de Jésus-Christ, l'adoration des Bergers
» et celle des Mages, la présentation au
» Temple sous les yeux du bon vieillard
» Siméon, le massacre des Innocens, la
» fuite en Egypte, l'enfant Jésus au Temple
» à l'âge de douze ans, les noces de Cana
» et le baptême du divin Sauveur dans les
» eaux du Jourdain.

» Aux bas côtés sont les mystères de la
» *vie publique* de Jésus, ils se suivent en

» commençant par l'aile droite : là se
» trouvent la conversion de Magdeleine,
» la résurrection de Lazare, etc. ; puis vien-
» nent les douloureuses scènes de la passion,
» qui se continuent encore sur le mur de
» l'aile gauche, où l'on aperçoit enfin, après
» la résurrection et l'ascension du fils de
» Dieu, le grand mystère de la descente
» du Saint-Esprit, au jour de la Pentecôte.

» Ce n'est pas tout : pour que l'histoire
» de la religion soit complète, il nous
» faut aussi les actes des apôtres. Eh bien !
» Dans la grande nef encore, par dessus
» les tableaux de la *vie cachée*, dans le
» vide que la voûte, en se croisant, laisse
» sur les murs autour de huit fenêtres,
» on voit les quatre évangélistes rédigeant
» leurs livres immortels et les douze illus-
» tres prédicateurs de la bonne nouvelle.
» Ceux-ci sont sur pied ; il semble qu'ils
» marchent à la conquête de l'Univers et
» un ange, qui plane au-dessus d'eux, paraît
» vouloir porter au ciel le récit de leurs
» triomphes.....

» Dans cette riche galerie, il fallait bien
» donner une place à l'histoire particulière
» de Betharram ; c'est sur les panneaux
» de l'orgue et de la tribune que se trouve

» cette histoire. Outre l'apparition de l'image, on y a représenté l'état de la chapelle après le passage des Calvinistes, puis des infirmes de tout genre recouvrant leur santé et enfin des prisonniers, qui voient tomber leurs chaînes par l'intercession de la consolatrice de tous les affligés. »

Visitons maintenant le Calvaire. A quelques pas en avant de la chapelle commence le sentier raide et tortueux, qui conduit à son sommet, et qu'ornent de distance en distance neuf oratoires destinés à représenter les scènes les plus touchantes de la Passion; ce sont de grands bas-reliefs exécutés avec beaucoup de soin par un habile et pieux artiste, M. Alexandre Renoir, élève de Pradier, qui n'a pas craint de puiser aux sources religieuses du moyen-âge. Ces vives représentations des souffrances de N. S. sont bien propres à inspirer de salutaires pensées aux personnes, qui savent réfléchir, et à toucher le cœur de ceux qui ne l'ont pas encore endurci.

La cinquième station, celle du couronnement d'épines, est une ancienne chapelle fondée par Louis XIII en l'honneur de Saint-Louis et rétablie depuis la révolution par le marquis d'Angosse. Elle est ornée de deux tableaux, dont l'un représente le Saint Roi en armes sur les plages d'Afrique, et l'autre l'Annonciation. L autel est d'un beau marbre des Pyrénées et porte cette inscription : *Mais la Religion est immortelle.* Cette chapelle flanquée de deux bâtisses, dont les galeries s'ouvrent à l'est sur la plaine, offre de la route un joli coup-d'œil. Elle est suspendue perpendiculairement au-dessus de la maison des Missionnaires et noyée dans des massifs de verdure, qui en rendent le séjour fort agréable.

A la huitième station, qui représente Jésus cloué par ses bourreaux à la Croix, le chemin du Calvaire se bifurque. Il convient, pour suivre l'ordre des Mystères, de prendre à droite le sentier qui aboutit aux trois grandes croix de pierre, dépouillées par la révolution de leurs images en plomb et entamées par la dévotion des pélerins, qui désirent emporter un souvenir de ces saints lieux. En face de ces croix, à l'extrémité d'une avenue plantée d'acacias s'élève une dernière chapelle gardée par un ermite, qui soutient son existence en fabriquant des peignes en bois. A travers une grille on distingue à droite et à gauche, dans une obscurité calculée, la descente de Croix et le Saint Sépulcre, dont les mystères sont peints sur toile. Au-dessus de l'autel du fond, le Christ radieux s'élance hors du tombeau.

Là se termine la série des mystères du Sauveur, dont la vive représentation par la peinture, la sculpture et l'éloquence attire à Bétharram tant de pieux pélerins et y fait verser tant de larmes salutaires. La nature, l'art et la grâce s'y rencontrent pour toucher les cœurs : heureux celui qui s'en retourne plus fort pour porter le fardeau de cette vie et plus dégagé pour arriver à celle qui est l'objet de nos aspirations et le terme de nos désirs !

II.

ORIGINE ET RÉTABLISSEMENT DE BÉTHARRAM (*)

Au diocèse de Lescar, dans le Béarn, il y a une chapelle appelée Notre-Dame du Calvaire de Bétharram, beaucoup plus considérable par la vénération du lieu, où elle est située, et les grandes merveilles que Dieu

(*) Ce chapitre reproduit textuellement ce que le fameux P. Poiré, le premier historien de Bétharram, a écrit dans sa triple couronne de la Sainte Vierge sur Notre-Dame du Calvaire de ce lieu.

y a opérées, que par la grandeur de son édifice. Elle fut bâtie, il y a environ cent quarante ans (vers l'an 1475), par un sujet et occasion fort remarquable, qui est telle, selon qu'on le tient par une commune tradition des plus anciens du village voisin appelé Lestelle, qui l'ont ouï dire à leurs pères :

Des petits bergers conduisant leurs brebis parmi les rochers, qui occupent le bas d'une montagne, sur le bord de la rivière du Gave, laquelle prenant sa source dans les monts Pyrénées, va traversant tout le pays de Béarn, aperçurent au même endroit, où est aujourd'hui le grand autel de la chapelle, une lumière vers laquelle étant accourus ils rencontrèrent une belle image de Notre-Dame.

La merveille rapportée au village, on prit résolution de préparer un lieu pour placer cette image miraculeuse, et l'endroit où on l'avait trouvée, ayant été jugé mal propre à cause des rochers, on dressa une face d'oratoire de l'autre côté du Gave, qui se voit encore à présent au bout du pont (1).

(*) Aujourd'hui encore on la découvre facilement parmi les arbrisseaux, qui garnissent le talus de la rivière, un peu au-dessous du chemin de Montaut.

Mais autant de fois qu'on y voulut loger cette image, autant de fois elle s'en retournait en sa première place, qui fut un signe évident que Dieu avait choisi cet endroit pour y faire honorer sa mère, en l'honneur de laquelle on trouva moyen d'y bâtir une chapelle; et incontinent il s'y ouvrit une source de grâces si abondantes et s'y excita une telle dévotion, qu'on y accourait à la foule de toutes parts.

Plusieurs étant arrivés à la vue de la chapelle achevaient leur pélerinage à genoux, tenant une torche ardente à la main pour faire hommage à la reine du Ciel et de la terre; ce qui alla toujours continuant et s'augmentant jusques au temps que le comte Mongommery, comme un satan déchaîné, avec ses troupes impies, entra dans le Béarn, où il renversa tous les lieux saints. Car alors cette vénérable chapelle fut par lui et ses détestables soldats saccagée, et n'en demeura que les seules murailles, qui résistèrent au feu.

Or, pendant que cette chapelle demeura ainsi désolée, on y voyait ordinairement la nuit de grandes lumières et clartés au dedans, comme s'il y eut eu plusieurs lampes et flambeaux allumés, et on y entendait des voix et des concerts harmonieux, jusqu'à ce que par le soin de feu messire Jean Salettes, évêque de Lescar, prélat d'une insigne piété et doctrine, elle fut réparée et la sainte Messe rétablie en l'année 1615.

Ce fut pour lors que le flambeau de la dévotion, que l'hérésie y avait éteint, s'y ralluma plus ardent et lumineux qu'auparavant, et les fontaines de grâce, qui y avaient été taries, commencèrent à y découler plus abondamment qu'elles n'avaient jamais fait. Ce qui convia l'archevêque métropolitain, messire Léonard de Trappes, archevêque d'Auch, de la venir visiter l'année suivante, y apportant une image de Notre-Dame, en très-grande dévotion, accompagné d'un grand nombre d'ecclésiastiques et des religieux de l'abbaye de St-Pé, ordre de Saint-Benoît, distante d'une lieue, d'où il commença à se mettre à pied en ordre et habit de procession avec son clergé suivi de toute la noblesse catholique du pays et d'une multitude innombrable de peuple, qui y accoururent de toutes les paroisses circonvoisines avec leurs croix et leurs bannières, faisant, à la confusion des hérétiques, retentir l'air de chants, hymnes et cantiques à l'honneur de la glorieuse mère de Dieu. Et ce très digne prélat y célébra avec une incroyable dévotion la sainte Messe accompagnée de musique et plaça cette image sur le grand autel, où elle se voit encore aujourd'hui en la place de la première, qui fut emportée par un bon prêtre, lors de l'arrivée de Mongommery, à St-Jacques, la plus prochaine ville d'Espagne. Ce pieux prélat, pour témoignage de la dévotion qu'il a toujours conservée jusqu'à la mort pour ce lieu, y laissa par testament une lampe d'argent avec un fonds pour l'entretenir ardente nuit et jour devant ladite image : ce qui a été très-fidèlement exécuté par ses héritiers.

Cette dévotion ayant été cultivée quelques années par quelques bons prêtres, que ledit évêque de Lescar commit sous la conduite de M. Bequel, chapelain de Notre-Dame de Garaison, et depuis curé de Montaut proche de la chapelle, et le concours du peuple y croissant de jour en jour, M. Charpentier, prêtre séculier, duquel la vertu et piété est connue en plusieurs endroits de la France, y fut, avec beaucoup d'instance, appelé pour en prendre la direction et conduite; et s'y étant rendu en l'année 1621, et ayant considéré la face de cette montagne, au pied de laquelle la Chapelle est assise, et le rapport qu'elle a à celle du Calvaire, y joignit la dévotion de la Croix à celle de Notre-Dame, faisant planter sur le sommet d'icelle trois grandes croix avec les figures de Notre Seigneur et des deux larrons, et construire une chapelle avec deux cellules aux côtés, dans laquelle se voit la représentation du Saint Sépulcre; et aux flancs de ladite montagne sont plusieurs stations d'une part et d'autre, où sont représentés les Mystères, qui ont précédé le Crucifiement et la sacrée Passion du fils de Dieu, par des bienfaits et aumônes du Roi, des Reines, de Monsieur et autres plusieurs personnes.

Ce Calvaire est tellement orné et si vénérable qu'il ne se peut rien voir de plus beau, ni si rempli de consolation, et n'y a cœur, pour endurci qu'il soit, qui ne se sente ému à l'aspect d'un objet si plein de dévotion, lequel est continuellement animé par les exercices qui s'y pratiquent par les prêtres, qui y résident et y vivent en corps de communauté très bien réglée, qui a été établie par ledit sieur évêque de Lescar, et par messire Henri de Salettes, son neveu et successeur, sous la direction dudit sieur Charpentier, à présent leur supérieur.

Il fait encore beau voir un grand nombre d'ermitages, qui sont parsemés sur les rochers de ladite montagne, pour servir de retraite tant aux pélerins qu'à ceux de la maison, qui veulent vaquer aux exercices spirituels. Je dois à M. de La Vie, premier président au parlement de Pau, deux belles remarques sur ce lieu, que j'ai apprises de sa propre bouche : la première est que ladite rivière du Gave, laquelle depuis sa source jusqu'à ce qu'elle entre dans la rivière de l'Adour, qui sont pour le moins trois journées, est si rapide qu'on n'y a jamais pu naviguer. Mais dès qu'elle approche de la Chapelle, et tout autant qu'elle dure, elle va d'un cours fort calme et posé comme s'arrêtant par honneur devant le lieu où la Reine du monde est honorée. L'autre est que la paroisse de Lestelle, où elle est assise, a été l'unique, qui s'est maintenue en la religion catholique pendant tous les troubles et divisions du Béarn, sans que jamais aucun se soit fait huguenot, nonobstant les persécutions qu'ils ont souffertes en bon nombre à cet effet, l'espace de cinquante ans et plus, la Sainte Vierge tenant la main à la conservation de ses dévots paroissiens.

III.

ÉPREUVES DE BÉTHARRAM PENDANT LA RÉVOLUTION, ET CE QU'IL EST AUJOURD'HUI.

« La dévotion à Bétharram, écrivait J.-P.
» Touton en 1788, s'est toujours soutenue
» depuis son rétablissemeet, soit par la foi
» des fidèles, soit par le zèle des ministres
» respectables que la Providence y a tou-
» jours procuré depuis 1621, que cette
» congrégation fut fondée et autorisée dans
» son institution à la vue du bien qui en

» résultait, par l'évêque de Lescar, le 7
» décembre 1632, par les lettres-patentes
» du roi Louis XIII, au mois d'août 1633,
» et par une bulle du pape Alexandre VII,
» le 3 décembre 1656. »

En 1661, la Chapelle fut achevée et mise dans l'état où nous la voyons encore aujourd'hui avec son ornementation Italienne par les soins de plusieurs bons artistes. Elle fut consacrée, la même année, avec une très grande pompe par l'Evêque diocésain, M. Du Haut de Saillies. En 1705, on reconstruisit le Calvaire sur un plan beaucoup plus beau. Les peuples continuaient à s'empresser vers ce lieu si vénérable et la source des grâces qui coulaient des mains de Notre-Dame ne tarissait pas. Mais l'histoire a imité sur l'existence de la maison de Marie pendant cet intervalle de temps la discrétion et le silence que la Sainte Ecriture a gardés sur la vie même de la Mère de Dieu.

La révolution de 1789 dépouilla successivement Bétharram de ses biens et de ses chapelains, que *la Terreur* obligea de se cacher ou de s'expatrier. Bientôt l'existence de la Chapelle même fut menacée. Monestier, l'envoyé de Robespierre, vint, le 17 mars 1794, avec une horde de révolution naires, pour détruire l'œuvre de Dieu et de ses Saints. A son approche, les fidèles des villages voisins furent consternés : tout le monde gémissait et priait. En vain le maire de Lestelle essaie-t-il de conjurer l'orage en se présentant devant Monestier avec le conseil municipal et en lui adressant quelques paroles courageuses. Monestier continue son chemin et va droit à la Chapelle. Déjà la hache impie allait défigurer le portail de Notre-Dame et s'abattre sur tout ce qu'il y avait de saint et de précieux dans l'intérieur de l'église. Marie l'en empêcha. Sensible à la pieuse désolation des fidèles, elle offre à son fils leurs ardentes prières, et le souverain arbitre de nos volontés change en un moment les pensées et le cœur du farouche représentant. Sur une simple observation du maire, Monestier s'apaise et crie à sa troupe : « Respectez » ces chefs-d'œuvre. » — On obéit, mais c'est pour se précipiter dans le lieu saint et pour y commencer la dévastation et le sacrilège. « Au nom des arts, s'écrie le maire » heureusement inspiré, je demande que » ce monument soit conservé ; » et Monestier de lui accorder aussitôt sa requête. Il fit sortir ses gens et murer les portes de la

Chapelle, mais il abandonna à leur fureur tous les beaux et pieux ouvrages du Calvaire.

Lors du rétablissement du culte, au commencement de ce siècle, l'administration diocésaine racheta la maison et la chapelle. Bétharram releva les ruines de son Calvaire par les soins du père Joseph, un des capucins, que cette maison avait abrités un instant pendant la tourmente révolutionnaire. Caché dans le pays, où il rendit de grands services à la religion, pendant que ses confrères s'étaient retirés en Espagne; dès que le ciel commença de s'éclaircir, il fit tous ses efforts pour rétablir le pélerinage et fut aidé par la libéralité des ecclésiastiques et des personnes de haut rang, parmi lesquelles il faut compter la Reine de Hollande. Mais son ouvrage, à cause du malheur des temps, laissait beaucoup à désirer. Ce ne fut qu'en 1845 que le Calvaire, après deux restaurations mesquines, grâces enfin au zèle des nouveaux Bétharramites, animés par M.gr Lacroix, successeur de M. d'Arbou, reprit et surpassa son ancien éclat.

Cependant le petit nombre de chapelains de Bétharram avait disparu ou péri dans l'exil. Il était impossible de réformer cette compagnie. Pour y suppléer, les évêques de

Bayonne, aussi jaloux que ceux de Lescar de la gloire de Bétharram, y placèrent successivement le petit et le grand séminaire du diocèse; mais ces établissements n'étaient que provisoires, n'étant pas propres par leur nature à s'accorder avec le soin des pélerins et le travail de la prédication. En 1833, Mgr d'Arbou ayant transporté le grand séminaire à Bayonne, les prêtres auxiliaires du diocèse furent mis en possession de la maison de Marie, et alors commença de se former sous la main et l'inspiration de son successeur la nouvelle congrégation régulière, qui dessert aujourd'hui le pélerinage de Bétharram.

Cette petite société, approuvée, disons mieux, fondée en 1841 par Mgr Lacroix, reçut le nom de société des prêtres du Sacré-Cœur-de-Jésus, pour qu'elle se rappelât l'esprit d'humilité, d'obéissance et de dévouement, qui la doit animer.

I. Son but n'est pas seulement de travailler au salut et à la perfection de ses membres, mais de procurer encore de toutes ses forces le salut et la perfection du prochain.

II. Son lien, ce sont les trois vœux d'obéissance, de pauvreté et de chasteté, annuels pendant six ans, perpétuels ensuite. On les émet ordinairement après deux ans de noviciat, qui paraissent un temps suffisant et nécessaire, tant pour que le postulant soit éprouvé que pour qu'il éprouve lui-même sa vocation à ce genre de vie.

En faisant le vœu de pauvreté, les Bétharramites se réservent la propriété des biens qu'ils possédaient avant d'entrer dans la société, et de ceux qui pourraient leur advenir par donation entre-vifs, succession et testament. Ils ne peuvent néanmoins disposer de la propriété ni des revenus de ces biens sans l'agrément du Supérieur. Ils ne les administrent point non plus par eux-mêmes, mais par une personne de confiance que le Supérieur doit approuver. Pour les honoraires et tous les dons manuels, ils sont mis en commun et appartiennent à la Société.

Outre les trois vœux, dont nous avons parlé, les prêtres de la Société font un vœu spécial d'obéir à l'Evêque de Bayonne, par rapport aux emplois et aux occupations du saint ministère, auxquels il voudra les appliquer.

III. Quant au gouvernement de la Société, le Supérieur, choisi par elle et approuvé par l'Evêque, a seul le droit de commander. C'est lui qui décide de l'état et du lieu où chaque membre est appelé particulièrement dans la compagnie à servir Dieu, ainsi que des divers emplois, qui sont tous en sa main sous l'autorité épiscopale. Le Supérieur a le droit de faire des prescriptions et règlements conformes à la fin de l'institut, du consentement de ceux qui lui sont associés, et dans un conseil où tout est décidé à la pluralité des suffrages.

IV. *L'esprit de la Société*, c'est, de la part de tous ses membres, un entier et filial abandon à la volonté de Dieu, de l'Evêque et du Supérieur, et de la part de celui-ci, un soin paternel de se faire tout à tous, pour que toute âme opère plus facilement, dans la voie de cet institut, son salut et celui du prochain. C'est encore, d'avoir égard à la mesure de grâce que chacun a reçue, à ses aptitudes naturelles et à sa propre vocation, afin que personne ne s'enfle de ce qu'il n'a pas et qu'aucun don de Dieu ne demeure stérile pour sa gloire.

V. *La manière de vivre* des Bétharramites, en ce qui paraît au dehors, est commune. Elle ne les assujettit à aucune pénitence régulière. Mais chacun peut, s'il est approuvé du Supérieur, s'imposer telles mortifications qu'il juge utiles à son salut et à la gloire de Dieu.

VI. Pour les avantages spirituels, outre ceux que chaque membre trouve, comme en toute religion, dans les prières communes et l'union de la fraternité, au décès d'un prêtre, tous les autres doivent célébrer, immédiatement, chacun dix messes, et tous les frères doivent chacun réciter dix chapelets et communier dix fois pour le repos du défunt Cinq messes, cinq chapelets et cinq communions sont offerts pour les coadjuteurs temporels. De plus, deux services sont célébrés par mois pour les membres de la Société, l'un pour les vivants, l'autre pour les morts. Parmi ces messes, il y en a quatre par an, qui sont appliquées, à perpétuité, aux bienfaiteurs de la maison, sans compter le sacrifice qui est offert à la mort d'un bienfaiteur insigne, pour le repos de son âme.

VII. Les œuvres confiées à la société sont en ce moment des missions, des retraites, le service des pélerinages de Bétharram et de Sarrance avec celui des deux paroisses, qui leur sont annexées, trois Pensionnats secondaires et deux écoles primaires. Cette grande variété de bonnes œuvres n'étonnera pas, si l'on considère que la société des prêtres du Sacré Cœur compte aujourd'hui près de cent membres. C'est grâce à cette bénédiction du Ciel qu'elle a pu ajouter aux missions, au soin des pélerins, aux retraites, tant des ecclésiastiques que des laïques, l'obscur mais précieux labeur de l'enseignement.

Une centaine d'enfants reçoivent au pied du Calvaire, sous la protection de la Mère très pure et des Saints Anges, qui gardent la dévote Chapelle, les éléments des sciences humaines et les germes d'une solide piété. A Orthez, les missionnaires de Marie en élèvent environ trois cents, tant au pensionnat qu'à l'école primaire. Asson et Mauléon ont aussi remis entre leurs mains l'éducation de la jeunesse.

La ville de Pau est devenue pour Bétharram une mission perpétuelle. Quatre prêtres y résident toute l'année pour offrir le Saint Sacrifice, entendre les confessions et annoncer au peuple, dans l'église de Saint-Louis-de-Gonzague, la parole simple et nue de l'Evangile.

Les missions étrangères même s'ouvrent à la petite compagnie. On sait qu'un grand nombre de Basques et de Béarnais ont émigré depuis quelque temps et sont allés s'établir dans le sud de l'Amérique. La multitude toujours croissante de ces brebis éloignées du bercail a éveillé la sollicitude pastorale de M.gr de Bayonne. Les entrailles de sa miséricorde se sont émues sur leur délaissement spirituel. Il a proposé la mission de Montévidéo aux Bétharramites, qui, dans leur réunion annuelle, l'ont acceptée à l'unanimité.

Un mot, en terminant ce chapitre, sur le pélerinage de Sarrance. Moins fréquenté aujourd'hui, quoique plus ancien que celui de Bétharram, son origine remonte jusqu'au quatorzième siècle. Il était tenu autrefois par les religieux de Prémontré. De nombreux miracles, arrivés même en la personne des rois de Navarre et d'Aragon, le rendirent célèbre. Ces princes y bâtirent un logement pour les recevoir, lorsqu'ils y allaient en dévotion. Un jour, trois souverains s'y rencontrèrent ensemble, le roi de Navarre, celui de Castille et celui du Béarn. Comme les trois Mages, en venant adorer Jésus, ils lui apportèrent de riches présents. Louis XI vint aussi s'agenouiller aux pieds de Notre-Dame de Sarrance, pour laquelle il avait une très grande dévotion, jusque là qu'il faisait baisser devant sa chapelle l'épée qu'on portait toujours haute devant lui.

Sarrance est à 50 kilomètres de Pau sur la route d'Oloron. L'église de Notre-Dame est grande et belle. Quatre missionnaires y résident toute l'année.

IV.

DÉVOTIONS ET MIRACLES.

CHER pélerin, je ne vous ai fait visiter jusqu'à présent que l'extérieur de Bétharram; je vous ai conté les principaux faits de son histoire; je vous ai donné quelques renseignements sur les religieux qui l'habitent : je veux maintenant vous en développer l'intérieur, les mystères, les dévotions, les grâces et les miracles. Je monterai avec vous le Calvaire, je prierai avec vous et vous conduirai ensuite au lavoir, d'où les brebis du Christ, sortent plus blanches que la neige, et au pâturage où elles se rassasient et s'engraissent de toutes les vertus.

Aussitôt donc que vous êtes arrivé en face de la sainte Chapelle, levez vos yeux et votre cœur vers la Mère de Jésus; saluez son image, et chantez, si vous le voulez, ce petit couplet :

Salut, Reine des cieux; salut, Reine des cœurs :
Toute aimable Marie!
En vous, ô Mère, je me fie;
Recevez à merci le plus grand des pécheurs.

Marie, refuge des pécheurs.

Entrez ensuite dans la Chapelle et prosternez-vous trois fois à différents intervalles, baisant la terre et disant avec le publicain de l'Evangile, qui s'en revient chez lui justifié : « Mon Dieu, soyez-moi propice, pauvre pécheur que je suis ! » Puis rendez vos devoirs à Notre Seigneur présent au saint tabernacle et dites-lui :

« Mon Dieu, je crois de tout mon cœur que vous êtes ici réellement, substantiellement, corporellement présent, et je vous adore. Je crois que vous êtes descendu du ciel pour sauver les pécheurs, que vous êtes né, que vous avez vécu, que vous êtes mort, que vous avez établi parmi nous votre Eglise et vos Sacrements pour cette fin et que vous avez promis la vie éternelle à tous les hommes sans acception ni exception, à condition qu'ils auraient un sincère repentir de vous avoir offensé et qu'ils pratiqueraient loyalement votre sainte loi. Mon Dieu, je ne suis pas digne de lever mes regards sur votre trône ; je ne suis plus votre fils ; j'ai péché. Ayez pitié de moi à cause de vous, parce que vous êtes très bon et très clément. Me voici devant votre visage, tout couvert de confusion, sur le fumier et dans l'ordure de mes iniquités : pardonnez-moi pour l'amour de votre Sainte Mère, qui est le refuge des pécheurs.

» Et vous, ô très pieuse Vierge, souvenez-vous qu'il est inoui dans tous les siècles que vous ayez abandonné aucun de ceux qui ont recouru à votre protection, imploré votre secours, réclamé vos suffrages. Animé de cette confiance, j'ai recours à vous, Vierge, Mère de Dieu ; je viens à vous, je me tiens devant vous gémissant sur mes péchés. O Mère du Verbe éternel, ne méprisez pas mes prières, mais écoutez-moi favorablement et exaucez-moi. »

Avant de sortir de la Chapelle, il faut, mon frère, que je vous explique les motifs de la confiance sans bornes que vous devez avoir dans l'intercession de la Très-Sainte Vierge. L'auteur de la prière que vous venez de réciter, saint Bernard, les a ramassés dans ce peu de mots :

Vous n'osiez approcher du Père Tout-Puissant ; il vous a donné Jésus pour médiateur; Marie vous l'a donné pour frère. Mais peut-être que vous redoutez encore en Jésus la majesté divine ; car pour s'être fait homme, il n'en est pas moins demeuré Dieu. Voulez-vous donc avoir un Avocat même auprès de Jésus ? Recourez à Marie, qui est l'honneur du genre humain par sa pureté; pureté non seulement exempte de toute souillure, mais encore privilégiée et miraculeuse. Je n'hésite pas à le dire, elle aussi sera exaucée à cause de son obéissance ; le Fils exaucera certainement sa Mère, et le Père exaucera son Fils.

Mes petits enfants, c'est là l'échelle des pécheurs;
C'est là le motif de mon extrême confiance;
C'est là tout le fondement de mon espérance.

Méditez un peu sur un sujet si plein d'une consolation vraiment divine et en passant devant l'autel de la Compassion, priez Notre-Dame par les douleurs avec lesquelles, sur le Calvaire, elle a enfanté son Jésus à la gloire et ses frères à la grâce, priez-la de vous obtenir la faveur de compâtir vous-même aux souffrances de son Fils et de détester cordialement tous vos péchés. Vous me retrouverez à la première station du Calvaire.

Le Christ au Jardin des Olives.

Pauvre pécheur, voici un pauvre innocent, qui souffre un cruel martyre pour vous. Considérez à loisir cette belle et touchante image des préludes de sa Passion. Mais je m'exprime mal; car il a préludé à sa passion dès sa naissance; il mourut toute sa vie pour notre instruction et notre Rédemption. Voyez cette tête penchée, dont l'expression de tristesse est si douce, ce corps affaissé sous le fardeau de l'âme, qui est triste jusqu'à la mort, ces bras languissants, ce calice d'amertume, qui descend du ciel pour vous apprendre à regarder les contrariétés humaines comme l'expression de la volonté divine, enfin ce secours offert par un ange, ce qui signifie que Dieu est avec nous dans la tribulation et qu'il nous donne un surcroît de force pour vaincre la tentation. N'êtes-vous pas touché des souffrances de votre Créateur, de votre souverain. Roi devenu pour votre amour comme un pauvre homme sans défense? Ecoutez les soupirs et les gémissements que lui arrache le péché du monde :

«Seigneur Dieu, de qui j'attends mon salut, j'ai crié la nuit et le jour devant vous; recevez ma prière; prêtez l'oreille à mes supplications. Mon âme est navrée; mes jours approchent du tombeau; votre fureur m'accable; vous avez fait passer sur ma tête tous les flots de votre indignation; vous m'avez séparé de mes frères; vous me livrez à mes ennemis. Mes yeux sont fatigués et abattus; tout le jour je vous ai appelé à mon aide, j'ai levé les mains vers le ciel. Seigneur, pourquoi repoussez-vous ma prière et détournez-vous de moi votre visage? Je suis pauvre et dans le travail depuis mon enfance. Vous ne m'avez élevé un instant que pour m'humilier ensuite et me froisser avec plus de douleur. Votre colère s'est amoncelée sur moi comme un épais nuage et a fait entrer le trouble et l'effroi dans mon cœur.....

» Mon Père, s'il est possible, que ce calice s'éloigne de moi ; mais que votre volonté soit faite et non la mienne! Mon Père, vous pouvez tout : éloignez de moi, s'il vous plaît, ce calice; mais que ce que vous voulez s'accomplisse et de la manière que vous le voulez! »

Cher pélerin, n'avez-vous pas le cœur remué? Imitons cet ange qui console Jésus; mettons-nous à genoux et prions :

Tendre Sauveur, vous expiez mon crime ;
De maux sans nombre un effroyable abîme
Sur votre tête accumule ses flots.
Pleurez, mes yeux, et fondez-vous en larmes,
Et toi, mon cœur, laisse-toi vaincre, aux armes
D'un Dieu pour toi brisé par ses sanglots.

Trahison de Judas.

Voyez-vous le traître qui approche, avec sa face hideuse, qu'il présente à son Seigneur et à son maître? Un sourire ignoble fait grimacer sa bouche; des paroles mielleuses sont sur ses lèvres; mais derrière lui se pressent les bourreaux qu'il amène pour saisir et garroter Jésus. Il triomphe en ce moment à la pensée des trente écus qui lui ont été promis pour prix de sa trahison; demain il se pendra lui-même de désespoir. Ah! qu'il eût mieux fait de se convertir en entendant de la bouche du prophète David cette terrible imprécation :

« Seigneur, établissez sur lui le roi des pécheurs et que Satan se tienne à ses côtés. Qu'il paraisse devant votre justice et qu'il soit condamné; que sa prière lui soit imputée à péché; que ses jours soient abrégés et qu'un autre le remplace dans son ministère; que la malédiction divine l'enveloppe comme un vêtement; qu'elle pénètre comme l'eau dans ses entrailles et qu'elle s'infiltre comme l'huile jusque dans ses os! »

Qu'il eût bien fait de méditer sérieusement cette autre prophétie et de prendre garde qu'elle ne s'appliquât un jour à lui, comme il arriva malheureusement! C'est le Christ qui, par la bouche de David, se plaint de celui qui devait le trahir : « Si c'était un de mes ennemis, qui s'élevât contre moi, ma peine serait moins cruelle; je me tairais. Mais, toi, qui avais toute ma confiance, toi, mon ministre et mon ami, qui mangeais à ma table, que je trouvais toujours d'accord avec moi dans la maison du Seigneur! » L'avarice a fermé ses yeux à la lumière, et son cœur endurci ne ressent rien, lorsqu'avec une douceur infinie Jésus lui dit, pour le faire rentrer en lui-même : « Mon ami, que venez-vous faire? Judas, aurez-vous bien le courage de trahir le fils de l'Homme en l'embrassant? »

Cher pélerin, gardons nous, vous et moi, d'approcher de la table sainte, avec un visage dévot et un cœur impénitent, de peur d'entendre de Jésus le même reproche. Gardons nous de recevoir notre bon maître afin de le vendre à Satan et au monde pour un argent injuste ou un plaisir illicite. Mieux vaudrait pour nous que nous ne fussions pas nés.

Judas! traître Judas! l'enfer est ton partage.
Dans la glace et le feu ton éternelle rage
Grince des dents.
Tu blasphèmes en vain la divine justice;
En vain tu te maudis et tu hais l'avarice:
Il n'est plus temps!

— Certes, mon père, il y a là matière à réflexion pour les avaricieux et les faux dévots. Je suis bien coupable devant Dieu; mais j'ai le bonheur de haïr l'hypocrisie comme la peste, et je ne puis pas supporter les fades grimaces de ces personnes, qui s'approchent des sacrements pour faire le mal avec plus de sécurité.

— Vous avez raison, cher pélerin. L'hypocrisie est détestable partout où elle se montre; elle couvre tous les vices et les plus noires trahisons. Son châtiment est affreux, quelquefois même en cette vie. Je me souviens à ce propos d'une terrible histoire, qui s'est terminée heureusement ici et que de Marca rapporte dans son traité des merveilles opérées à Bétharram. C'est, je crois, le premier des miracles, qu'il énumère; il faut que je vous la conte.

— Je vous serai obligé, mon père.

« Un marchand de la ville de Grenade,

au diocèse d'Aire, nommé Jean d'Abbadie, conçut une passion extraordinaire pour une fille, et voulant à tout prix l'épouser, il se donna, corps et âme, au diable, qui lui apparut sous la forme d'un soldat, à condition que par les artifices du malin il pourrait contenter sa passion et que ses jours ne seraient point avancés, tant qu'il plairait à Dieu de le laisser en vie. Une promesse écrite de sa main confirma le traité.

» Le démon procure ce triste mariage, et le marchand de s'applaudir. Trois ans après, un hôte importun se présente et lui commande de le suivre : c'était son infernal créancier. Le marchand refuse d'obéir et se fonde sur la réserve contenue dans sa promesse. Alors le démon prenant la forme d'un bouc, l'enlève avec ses cornes et le lance à trois cents pas de là. Le pauvre homme saisi de frayeur et moulu par une secousse si rude, se retira dans sa maison en se traînant comme il put avec les pieds et les mains.

» Depuis ce temps il se tenait courbé, souffrant dans tout son corps, et ne pouvait marcher qu'avec l'aide d'un bâton et d'une personne qui l'appuyait. Et ce qu'il y avait de plus déplorable, c'est que ce malheureux, retenu par la honte et n'osant avouer son crime, se confessait néanmoins et communiait tous les ans à Pâques; mais en punition de son sacrilége, il ne pouvait pas voir la Sainte Hostie, soit quand il la recevait, soit au moment de l'élévation.

» Onze ans après, un confesseur fort habile lui extorqua l'aveu de son péché et l'ayant porté à faire une bonne et entière confession, son pénitent commença dès lors à voir le Saint-Sacrement ; mais comme il lui restait encore quelque désespoir de la miséricorde de Dieu, son curé le priva de la Sainte communion, et ne pouvant mettre en repos la conscience de ce malheureux, il finit par l'envoyer à Bétharram, avec son vicaire, un capucin, et un vigneron de Grenade, chargé de le soutenir sur sa monture.

» La maison le reçut avec charité. On le disposa pendant dix jours à espérer en la miséricorde divine par le secours de la Sainte-Vierge et à faire une confession générale, après laquelle il commença à se mieux porter. Le lendemain, on le conduisit à la station du jardin des olives, qui était alors à la place de celle que nous venons de quitter. Un prêtre de la maison y célébra la Sainte Messe, et au moment de la communion, tenant le Saint-Sacrement à la main, il se tourna vers le pénitent, suivit l'ordre prescrit par le formulaire des exorcismes, lui ordonna de cracher trois fois pour marquer sa renonciation à Satan et le communia.

» Aussitôt le charme est rompu. Dès que la messe est achevée, notre homme se lève de lui-même, quitte son bâton pour essayer ses forces, et s'en va, avec une très-grande vitesse, à l'église, sans s'appuyer nulle part. Là, il se mit à genoux devant l'autel de la Vierge, et après lui avoir rendu grâces, il déclara au Supérieur, qu'il était parfaitement guéri et que sa conscience était en grande paix. Il voulut que le vicaire de Grenade écrivit sur le livre de l'église la relation de ce miracle, la signa de sa propre main et dit en rendant la plume, que depuis onze années, il n'en avait pu faire autant, de quoi il louait et remerciait Dieu et sa Sainte mère. »

Mais, nous voici arrivés à la troisième station.

Jésus au tribunal de Caïphe.

Caïphe est là, le front ceint de la tiare, l'œil ardent et inquiet. Un faux zèle et une fausse modération animent et contiennent toute sa personne. Il lève la main vers le Ciel, adjurant Jésus de lui dire s'il est vraiment le fils de Dieu. A ses pieds, de misérables scribes enregistrent la parole divine sans la vouloir comprendre ni recevoir. De l'autre côté, un soldat vigoureux s'apprête à meurtrir d'un indigne soufflet la face qu'adorent les Anges. Entre la force brutale et les pièges de l'hypocrisie, Jésus, les mains liées, conserve la simplicité de l'enfance, la vigilance de l'homme prudent, le calme du juste et la dignité de l'Homme-Dieu.

— Mon Père, je vois bien tout cela; mais je ne sais pourquoi je n'en suis pas touché.

— Peut-être, mon fils, est-ce faute de réflexion; et puis, toutes les circonstances de la Passion ne sont pas également touchantes. Il y en a qui sont plus propres à nous émouvoir, d'autres à nous instruire. Jésus-Christ nous donne ici l'exemple de plusieurs vertus très difficiles à exercer en même-temps, et qui ne se fondent ensemble qu'au feu d'une ardente charité. Il interpelle le soldat qui l'a frappé, pour nous apprendre qu'il n'est pas insensible aux injures ; mais il le fait avec un calme, une patience et une douceur héroïques. Il se tait sur les faux témoignages, que des hommes vendus accumulent contre lui, afin de garder la dignité de l'innocence et de vaincre la nature, toujours prompte à se défendre ; mais il répond au grand prêtre par respect pour le pouvoir qui lui vient d'en haut ; et il lui parle avec autant de modestie que de fermeté, avec autant de simplicité que de majesté : « Au nom du Dieu vivant, dites-nous si vous êtes le Christ, Fils de Dieu. » — « Je le suis. En vérité je vous le dis, vous verrez bientôt le Fils de l'Homme siégeant à la droite de la majesté divine et porté sur les nuages du ciel. »

Certes, si un pareil interrogatoire ne vous tire pas des larmes, il y a de quoi du moins vous intéresser. Où la justice a-t-elle été jamais plus habilement et plus ouvertement violée? où la force brutale a-t-elle plus effrontément devancé la sentence du juge? où la méchanceté humaine a-t-elle paru plus hideuse ? où le Fils de l'Homme nous a-t-il donné des exemples plus variés et plus beaux? où la majesté de Dieu a-t-elle été tout ensemble plus avilie et plus exaltée ?

Jésus flagellé.

Mais voici un nouveau spectacle qui vous attendrira : le juste dépouillé par nos injustices, et fouetté par les licteurs du président romain. La robe, que sa tendre Mère lui a tissée à Nazareth, ne couvre plus ses membres divins. Il est aux mains des gentils : pauvres aveugles qui veulent corriger par les verges l'éternelle vérité, comme on fustige un petit garçon pour qu'il s'amende! et le fils de Dieu souffre de bon cœur pour notre amour une pareille dérision et un si rude traitement. Hélas! que de coups tombent sur ses épaules nues et ouvrent les chairs de son corps adorable! Autant de coups il reçoit, autant de fois son ineffable clémence prie le Père céleste pour ses bourreaux. Qu'il est beau le fils de Dieu attaché à la colonne! Sa douceur est comme une eau paisible et profonde, où le ciel se peint et fascine les regards. Ses yeux sont comme deux sources intarissables de miséricorde et d'amour. O amour, ô Jésus, ô mon Dieu, ayez pitié de moi, tirez-moi à vous et plongez-moi dans l'abîme de votre pénitence, dans l'abondance de votre suavité, dans la mer sans rivages de votre infinie mansuétude !

— Mon Père, vous me faites pleurer : j'ai le cœur gros et qui s'enfle au souvenir de mes péchés. Je suis un grand pécheur, mon Père.

— Hé bien, mon fils, laisser couler vos larmes : il y en a que Dieu envoie et qui sont plus précieuses que l'or ; ce sont comme les arrhes de la rémission de nos péchés. Nous arrivons à la chapelle de Saint-Louis.

Jésus couronné d'épines.

« Alors, dit l'Evangile, les soldats du président traînèrent Jésus au prétoire, assemblèrent toute la cohorte autour de lui, et le dépouillant de ses habits, ils le revêtirent d'un manteau de pourpre, et tressant une couronne d'épines, ils l'enfoncèrent dans sa tête, et lui mirent un roseau à la main, en guise de sceptre. Ensuite se prosternant devant Jésus, ils lui disaient par dérision : « salut, roi des Juifs ! » Enfin, ils lui crachèrent au visage, prirent le roseau et lui en donnèrent des coups sur la tête.

N'est-ce pas là le dernier des hommes, l'homme de douleurs et savant dans la souffrance, le lépreux frappé de Dieu pour notre salut? N'est-ce pas là celui qui disait de lui-même, bien avant sa naissance, par la bouche du prophète David : Je suis un ver de terre et non un homme, le rebut du monde et le jouet de la populace ; je suis comme un vase brisé et comme une sauterelle qu'on écrase? N'est-ce pas là, enfin, le Dieu caché et sauveur ? Vraiment il a porté nos souffrances et enduré nos douleurs ; c'est pour nos iniquités qu'il a été jeté à terre, pour nos crimes qu'il a été écrasé. Notre réconciliation lui a coûté cher, et nous n'avons été guéris que par les plaies de sa chair livide. Nous nous étions tous égarés ; chacun suivait la voie de sa passion dominante, et le Seigneur a mis sur sa tête le poids de toutes nos iniquités. Il s'est offert parce qu'il l'a voulu et n'a point ouvert la bouche ; il s'est laissé conduire comme une brebis à la boucherie, et il s'est tû, comme un agneau devant celui qui le tond.

— Eh! mon père, ce spectacle me déchire. Que les hommes sont aveugles et méchans! Que je le suis moi-même! Mais je veux désormais me convertir sincèrement et ne plus offenser un Dieu si bon.

— Vous dites bien : un Dieu si bon! avec quelle distinction ne nous a-t-il pas pas créés? avec quel amour ne pourvoit-il pas à tous nos besoins temporels et éternels? avec quelle douceur ne gouverne-t-il pas le monde? Quelle n'est pas sa patience à attendre le retour du pécheur? mais que dire de son Incarnation! Avez-vous jamais pensé à l'honneur que Dieu nous a fait en voulant être uni à nous par des liens d'amour? l'amour n'unit que les semblables. Et quelle apparence y avait-il que l'homme déchu pût jamais oser dire à Dieu : mon père! et que Dieu en vînt jusqu'à se mettre à ses genoux et à lui dire : mon fils, ne vois-tu pas combien je t'aime? C'est pour cette fin inespérée et inimaginable que Dieu s'est fait homme, et il est mort dans les supplices et les tourments, que vous voyez, pour tous les hommes, dont toutes les souffrances réunies ne pouvaient ni égaler le crime, ni satisfaire à sa justice. Il a glorifié notre nature en sa personne par son admirable ascension, afin que l'homme, soulevé par la grâce, élevât et envoyât désormais sa juste espérance jusqu'au plus haut des cieux, où il est assis et où il règne. Enfin il prend tous les jours nos aliments grossiers, qu'il change en la sacrée nourriture de son église pour se couler en nous sous l'écorce du sacrement et y déposer les germes de la vie éternelle, pour ne faire qu'un avec sa créature et lui communiquer la bienheureuse vertu de son nom incommunicable.

—

— Il fait bon vous entendre parler de Dieu, mon Père. Ce Calvaire vous inspire sans doute, si j'en juge par la multitude et la vivacité des impressions que j'en ressens. Ne pourriez-vous me dire ce qui a donné lieu à établir ici une si touchante dévotion ?

— Je vous en raconterai volontiers l'histoire. Promenons nous un instant dans cette allée horizontale, sous ces bouleaux et ces châtaigniers, dont le feuillage écarte le soleil et d'où la vue s'étend sur les richesses de la campagne ; cela nous rafraîchira et nous reposera.

Vous savez comment à la fin du seizième siècle le comte de Mongommméry, envoyé par la Reine Jeanne, pour imposer le protestantisme à nos contrées, ruina et incendia la chapelle de Bétharram. Relevée en 1614 par la sollicitude de l'Evêque de Lescar, quoiqu'elle ne fût encore, à ce que rapporte Marca, que l'attente d'une chapelle, plutôt qu'une chapelle véritable, elle dut néanmoins à la réputation de sa sainteté la visite de l'archevêque d'Auch, qui, après y avoir célébré les saints mystères, fit planter une croix non loin d'ici, sur le versant de la montagne. Il voulait seulement dédier ce lieu par une cérémonie en usage dans l'ancienne église et qui s'est conservée jusqu'à nos jours. Mais la Providence avait sur cette montagne consacrée par la croix, des vues plus étendues et plus merveilleuses.

En 1616, deux mois après le départ de l'archevêque, cinq personnes du village de Montaut, que vous voyez, prenaient leur repas sur cette colline en face de nous, après avoir coupé de la fougère, toute la matinée, pour leurs bestiaux, suivant l'usage du pays. C'était au milieu du jour; le ciel était tout-à-fait sans nuages, l'air fort doux et tranquille : nul soupçon d'orage.

Tout d'un coup, elles entendent un vent impétueux, qui soufflait avec violence, sur les flancs de la montagne de Bétharram, et voient, avec douleur, tomber sous les efforts de l'orage la sainte croix plantée par l'archevêque d'Auch. Mais, ô prodige! bientôt ce tourbillon cesse, et l'étendard du catholicisme se relève de lui-même tout brillant de clarté : une lumière miraculeuse en couronnait le faîte.

Les cinq personnes témoins de ce miracle n'en peuvent croire leurs yeux. Un merveilleux contentement fait battre leur cœur; elles courent à Betharram et vont regarder de plus près l'éclat de cette croix. Enfin ne pouvant douter du miracle, elles le publient aussitôt dans les villages voisins.

Cette nouvelle fut reçue avec une telle certitude par les communes environnantes, que, peu de jours après, les catholiques y vinrent en procession de divers endroits, pour rendre à Dieu les actions de grâces que ces merveilles exigeaient d'eux. En effet, quoique le mystère de cette exaltation de croix, présage du prompt rétablissement du culte catholique dans le Béarn, ne fût pas encore bien connu, et que ces lumières fussent encore un peu sombres, parmi le deuil de ces contrées, que Louis XIII allait bientôt faire cesser, néanmoins tout le monde y voyait un encouragement du Ciel pour les catholiques : les sectaires eux-mêmes n'osèrent pas le révoquer en doute.

Du reste, cinq ans plus tard, ce miracle qui avait paru en l'absence des prêtres de la chapelle, donna lieu à une enquête juridique des plus sévères. Comme il était question d'un fait, qui regardait la gloire de Dieu et l'établissement d'une nouvelle dévotion, le supérieur de Bétharram, Charpentier, délégué par l'évêque, voulut s'assurer, par un second interrogatoire, si les fondements de cette dévotion étaient solides. En présence des Jurats de Lestelle et de Montaut et d'autres personnes notables, il exhorta à diverses reprises les témoins à ne rien dire au delà de ce qu'ils avaient vu; il les menaça d'un châtiment extraordinaire, s'ils osaient imposer des faussetés à Dieu; il les interrogea, après serment sur les Saints Evangiles, d'abord séparément, puis en présence les uns des autres; enfin il les fit encore examiner en divers temps par diverses personnes. Mais leurs témoignages s'accordaient toujours pour la substance du fait et ses circonstances. On pourrait ajouter à toutes les preuves de ce miracle signalé, qui ont été recueillies par de Marca, l'un des premiers magistrats du parlement, le choix même, que les fidèles ont fait depuis un temps immémorial, du jour, où ils viennent visiter en plus grand nombre la Chapelle et le Calvaire. C'est le jour où l'église fête l'exaltation de la Sainte-Croix. En effet, bien que le concours des peuples à Bétharram soit nombreux aux principales fêtes de l'année, surtout à celles de l'Assomption et de la Nativité de la Sainte Vierge, cependant c'est le 14 septembre, que les pélerins y viennent de plus loin et én troupes plus compactes.

Telle est la merveille très véritable qui donna lieu à l'établissement de cette dévotion du Calvaire. Déjà depuis longtemps la Chapelle et ses alentours étaient appelés *la Terre Sainte.* Instrument de la Providence, qui voulait ménager en ce lieu une consolation sensible aux siècles futurs, Charpentier conçut et réalisa l'idée de ce Calvaire, qui fut le type d'après lequel il fonda plus tard la même dévotion sur le Mont Valérien, aux portes de Paris.

— Je suis heureux, mon Père, que vous ayez bien voulu me servir de guide. Vraiment cette terre que nous foulons est sainte et sacrée.

Si vous n'êtes pas fatigué, nous nous acheminerons vers le haut de la montagne ; la piété qui respire en ce lieu, me rend meilleur.

Jésus condamné à mort.

Ecce homo! voilà l'homme! regardez, cher pélerin, et ne vous trompez pas, comme le fit le faible Pilate.

Voyez-vous ce politique habile, balançant la justice et son intérêt propre, effrayé par le patriotisme improvisé des Juifs, qui prétendent aujourd'hui n'avoir point d'autre roi que César, ébranlé par les avertissements de sa femme, cédant enfin aux circonstances et lavant dans l'eau une trahison, que des larmes amères pourraient seules effacer? Voilà l'homme! il est facile à reconnaître.

Ne remarquez-vous pas de l'autre côté l'absence des disciples de Jésus? Le pasteur est frappé ; le troupeau se disperse ; Pierre a renié son maître : voilà l'homme !

A leur place, voyez-vous ce peuple qui naguère chantait : Hosanna au fils de David ! Soudoyé aujourd'hui et mené en aveugle par les riches et les puissants du siècle, il crie : « Qu'il meure ! qu'il meure ! à la croix, le Nazaréen ! » Voilà l'homme !

Et ces Pharisiens, au langage double, au cœur profond et ténébreux ! l'ambition rend leur haine implacable. Ils se confient dans la subtilité de leurs pensées et dans l'habileté de leurs conseils. Ils ne paraissent pas, mais leur intrigue conduit tout ce complot déïcide. Voilà l'homme !

Regardez maintenant la noble et parfaite résignation de l'agneau sans tache immolé pour les péchés du monde. Il est innocent et il ne s'indigne pas à la vue de tant de bassesse et de méchanceté. La nature semble anéantie en lui. Il est semblable à celui qui n'a rien à répondre et à l'accusé que la justice a condamné justement. Il accepte la sentence sans dire un mot ; il obéit jusqu'à la mort : voilà le Dieu !

Mon frère, tout le monde peut se reconnaître dans ce tableau, les uns dans le Christ et les autres dans les différents personnages, dont les sentiments divers y sont naïvement exprimés. Je vous laisse à vos réflexions. A la prochaine station vous retrouverez votre vieux guide, qui, d'un pas lent, va vous y devancer.

Jésus portant sa Croix.

Mon Père, vous finirez, je crois, par me convertir avec ce Calvaire. Je viens de faire des réflexions bien tristes sur mon intérieur; mais je ne suis pas fâché de les avoir faites.

— Vous avez raison. Il est toujours bon de se connaître et encore meilleur de se mépriser et de se haïr, qui est le fruit de la connaissance de Dieu et de soi-même. Tenez, mettons nous en parallèle avec Jésus, qui porte sa lourde croix par pure charité, et nous nous trouverons bien méprisables. Au lieu de souffrir nous-mêmes pour le salut du prochain, ne nous arrive-t-il pas à chaque instant de le faire souffrir pour nos intérêts temporels, et de rechercher notre plaisir pour sa ruine éternelle? Toutes les fois que je me regarde dans le miroir de la vie de Notre Seigneur, je me trouve horriblement laid, je me fais peur à moi-même.

Voyez Jésus. Qu'il est beau, lui ! quelle douceur, quelle obéissance, quelle charité! le poids de sa croix n'est pas capable de l'incliner à s'occuper de lui-même. Avec quelle délicatesse il s'oublie pour avertir cette fille de Jérusalem, qui se désole en le voyant! vraiment nous pouvons bien nous écrier avec l'épouse des saints cantiques : Mon bien aimé est l'innocence et la charité même : il est beau entre tous les enfants de Dieu : il est Dieu lui-même, et ses sentiments sont plus délicats que la feuille du palmier. Son intention est plus pure et plus nette que la Colombe, qui se baigne à chaque instant dans le courant d'une eau limpide. Sa mortification exhale les plus doux parfums; la candeur de ses paroles est comme un lys, et la myrrhe la plus exquise ne vaut pas son silence. Toutes ses actions sont parfaites, pleines de charité et de vérité. L'éclat de l'ivoire n'est rien en comparaison de l'éclat de sa chasteté. Toutes ses vertus sont solides et brillantes comme une colonne de marbre; elles sont fondées sur une humilité sans pareille, belles comme le Liban, incorruptibles comme le cèdre.

Quand il parle, on est ravi et il n'y a rien en lui qui ne soit aimable. Tel est mon bien aimé et il m'aime !

— Mon père, ne remarquez-vous pas que c'est le long d'un bras de la croix que Jésus et la fille de Sion échangent ce regard si doux de miséricorde ? n'y a-t-il pas là une intention de l'artiste ?

— Je ne sais, mais cela signifie que c'est de la croix que coulent toute douceur et toute suavité. Elle est comme un trait d'union entre la clémence de Dieu et le repentir de l'homme. Celui qui sur la croix adhère au Seigneur, celui là est un même esprit avec lui ; il témoigne, comme a fait Jésus, qu'il est vraiment fils de Dieu.

Le Christ cloué à la Croix.

— O mon père, quel spectacle sublime et déchirant ! Je ne puis supporter la vue de si atroces et si injustes douleurs. C'est moi qui les ai méritées, et c'est Jésus qui les endure. O Jésus ! Marie toute en pleurs compâtit à vos souffrances, et je cherche encore le sourire charnel d'Eve ! Madelcine vous console par sa pieuse assistance et moi, je vous ai crucifié avec ces bourreaux impies! bonté divine, pardonnez-moi. Un voile épais couvrait mon esprit. Dissipez, dissipez ces ténèbres et que je me voie tel que je suis dans ce miroir de mon incompréhensible malice et de votre incompréhensible charité.

— Mon fils, Dieu vous parle et sa grâce est sur vous. Ecoutez au dedans de vous-même la parole de l'Esprit saint. Cependant je réciterai le *Stabat*, pour qu'il daigne par l'intercession de Marie vous inspirer de fortes et salutaires résolutions.

—

Cher pélerin, asseyons nous un instant sur la bruyère à l'ombre de ce chêne. Le chemin de ce Calvaire est fatiguant et propre à nous rappeler ce que Notre Seigneur a dû souffrir en portant sa croix sur celui de Jérusalem.

— C'est une chose merveilleuse, mon père, combien me voilà intérieurement éclairé et changé. Je suis résolu à pratiquer sans reproche la loi de Dieu. Qui a pu produire en moi un changement si subit?

— C'est la grâce de ce lieu. Car il y a des grâces attachées aux lieux, comme il y en a pour les fêtes, que l'Eglise célèbre pour les différents états de la vie, et pour tout ce que le Ciel bénit par les mains de la religion. Ne vous étonnez pas de votre changement. Il est arrivé bien d'autres merveilles à Bétharram. Vous pourrez voir dans le traité, qu'en a fait expressément P. de Marca, archevêque de Toulouse, toutes les guérisons et autres assistances corporelles, que les fidèles ont autrefois obtenues en ce lieu par l'intercession de la Sainte-Vierge. Mais alors même les chapelains de Bétharram déclaraient, dans un supplément ajouté à la seconde édition, qu'ils faisaient moins de cas de ces miracles extérieurs opérés en faveur de personnes, qui s'étaient vouées à Notre-Dame du Calvaire, que de ceux qui se faisaient tous les jours intérieurement dans la conversion des âmes. Cette dévotion, disent-ils, a cela de particulier que personne n'y aborde, qui ne se sente extraordinairement ému en sa conscience et que personne ne s'en retire, qui ne demeure parfaitement satisfait et consolé et fermement résolu à mener une vie nouvelle en Jésus-Christ.

La grâce opère encore aujourd'hui les mêmes effets à Bétharram. Je pourrais en citer plusieurs exemples, je me contenterai d'un seul pour ne pas vous fatiguer, et parce que la multitude des pécheurs, qui se convertissent simplement en ce lieu, est assez connue.

Il y a environ quinze ans une jeune personne riche, de bonne famille et fort recherchée, se trouvait aux eaux avec sa sœur, qui était infirme. Depuis long-temps elle n'avait plus de mère. Son père prétendait la marier et ne cherchait qu'à faire un choix heureux parmi les jeunes gens, qui se disputaient la main de sa fille.

Dieu avait d'autres desseins sur cette âme; mais il ne l'avait pas encore conduite dans la solitude pour lui parler au cœur et lui révéler son secret; de sorte que cette jeune personne, tentée sans le savoir contre sa vocation, n'avait point d'autre pensée que de céder aux instances d'un monde, qui la sollicitait de toutes parts, et d'obéir aux volontés d'un père, qu'elle aimait tendrement.

Passant un jour par Bétharram, elle entre dans la chapelle pour la visiter, comme font beaucoup de voyageurs, et sans aucune préoccupation religieuse. A peine est-elle à genoux que la grâce fond sur elle, la saisit et la travaille. Elle voit en un instant la vanité du monde, le crime de ses partisans et le péril qu'y court son âme. Elle pleure son aveuglement, forme des projets de vie nouvelle, et passant plus outre, rêve déjà le martyre. Le supérieur des missionnaires était alors au confessionnal. Elle s'y jette et lui découvre son intérieur. Enfin, une demi-heure après son entrée dans la chapelle, sa vocation lui était révélée; sa résolution était prise : elle devait entrer chez les Sœurs de la Charité.

Que d'obstacles n'eut-elle pas à surmonter du côté du monde, du côté de sa famille et de son propre cœur! Mais la Reine des Cieux n'abandonna pas sa chère conquête et lui obtint des grâces de consolation et de force, qui la mirent au dessus de toutes les considérations, de tous les intérêts et de toutes les oppositions de la terre. Aujourd'hui elle remplit au Chili avec une patience angélique les rudes obligations de son ordre. La distance des temps et des lieux ne lui a point fait oublier ce qu'elle doit à Notre-Dame de Bétharram. On y garde une de ses lettres, preuve touchante et de sa reconnaissance et de la vérité du fait que je vous raconte : « O Bétharram, s'y écrie-t-elle vers la fin, ne pourrais-je pas dire avec le Prophète : que ma main droite se sèche et que ma langue s'attache à mon palais, si je t'oublie ! offrez-moi à Marie et réclamez pour son indigne servante un de ces regards d'autrefois. »

Mais il est temps que nous montions au sommet du Calvaire.

Les trois Croix.

D'où vient, mon Père, que la mort de Jésus n'est pas exprimée par quelque image en relief comme les autres circonstances de sa Passion ?

— Mon fils, ces trois croix parlent assez d'elles-mêmes à ceux qui veulent entendre. Celle du milieu ne vous représente-t-elle pas le triomphe de la charité divine, dont la méditation arrachait au grand saint Paul ces cris de joie et d'amour : « Qu'importe qui est contre nous, si Dieu est pour nous, Dieu, qui n'a pas épargné même son propre fils et qui l'a livré pour nous délivrer tous?

Dieu ne nous a-t-il pas tout pardonné, tout donné, en nous donnant son fils? Qui accusera les élus de Dieu? Dieu même les justifie. Qui les condamnera? Jésus-Christ est mort pour nous; pour nous il est ressuscité. N'est-ce pas pour nous qu'il est à la droite de son Père, et n'avons-nous pas en lui un avocat? Qui pourrait donc nous séparer du Christ et de sa charité? »

Si vous considérez les deux autres croix, l'une est l'image de l'espérance chrétienne, qui n'abandonne pas au dernier jour les humbles enfans de la foi, quelle que soit l'impiété des crimes qu'ils se repentent d'avoir commis. L'autre vous représente l'affreuse mort du pécheur impénitent.

Mais n'est-il pas merveilleux que ce que la méchanceté de l'homme a inventé de plus atroce pour noircir le Christ en le faisant périr entre deux larrons, que cela même nous figure parfaitement son avènement glorieux, lorsqu'il jugera selon l'Evangile les morts et les vivants, qu'il mettra la brebis à sa droite, le bouc à sa gauche, et que son irrévocable sentence, assurant la vie éternelle à ses saints, enverra les méchants dans les supplices éternels?

Mon fils, méditons un instant sur les vérités si terribles et si consolantes à la fois : cela nous fera du bien à tous les deux.

La descente de Croix, le St Sépulcre et la Résurrection.

Mon Père, tous les mystères de la vie de Notre Seigneur et de Notre-Dame sont donc représentés en ce lieu ? J'ai vu ce matin dans le sanctuaire un tableau de la Nativité du Christ, et voici son sépulcre ouvert et glorieux.

Cher pélerin, Bétharram a ce privilège sur tous les autres pélerinages en l'honneur de Marie, que la dévotion du Calvaire s'y trouve jointe à celle de la très Sainte Vierge. Ces deux dévotions s'allument, se tempèrent et s'accroissent l'une par l'autre, et font un mélange plein d'utilité et de suavité. Car il est certain qu'on ne saurait mieux obliger Notre Seigneur à se rendre propice à nos prières qu'en les lui offrant par les mains de Marie, et qu'on ne peut mieux intéresser celle qui est le refuge des pécheurs qu'en méditant pieusement sur les souffrances de son fils et en imitant ce qu'elle a pratiqué elle-même. Or, parmi plusieurs graves auteurs, le père Canisius, jésuite, rapporte qu'elle même, après l'ascension de Notre Seigneur, allait souvent en pélerinage sur le Calvaire, et que, recueillie dans une profonde contemplation, elle arrosait de ses larmes la terre que Jésus avait arrosée de son sang. Elle en faisait de même pour tous les lieux qu'il avait sanctifiés par ses souffrances et ne se lassait pas de baiser et d'adorer au Mont des Olives les traces de son agonie et de la gloire de son ascension. Imitons-la donc, et puisque nous sommes en face du Saint Sépulcre, berceau de l'éternelle vie,

Entonnons, entonnons une hymne au Dieu sauveur,
Qui, pour jouer Satan, agneau triomphateur,
De la mort, en mourant, a vaincu la victoire,
Et du sein du tombeau ressuscitant sa gloire,
Sur le monde nouveau de son sang racheté
Souffle l'esprit de vie et d'immortalité !

— Mon Père, que la religion est belle ! comme elle inspire, comme elle nourrit, comme elle pacifie et contente toutes les facultés de notre âme ! Vraiment l'homme est mort sans elle. Oh ! pourquoi ai-je péché ? Que je voudrais être pieux comme vous , mon père !

— Mon ami, il n'y a que Dieu qui soit bon et pieux. Nous sommes tous des misérables ; son indulgence, voilà notre justice : c'est le sentiment de saint Bernard et de toute l'Eglise. Adressez-vous donc à sa miséricorde, qui est toute notre vertu, toute notre piété, et qui fait tous nos mérites. Vous pourrez lui manquer : elle ne vous manquera jamais la première.

Cherchez à apaiser le Dieu au nom saint et terrible, qui peut à l'instant même vous dépouiller de tous les fantômes, que vous prenez pour la vie, et vous citer au tribunal de l'éternité. Aimez le Dieu patient pour votre amour jusqu'à la mort et la mort de la croix, abaissé pour votre gloire jusqu'à la dernière ignominie. Aimez-le ; car il est tout amour, et son opération incessante ne tend qu'à sanctifier et à béatifier l'homme qui est semblable à Dieu ? Nos pères et nos mères nous haïssent en comparaison de son dévouement pour nous.

— Hé bien, je suivrai vos conseils. Je veux passer la nuit autour de ces lieux saints à secouer ma conscience, à rougir de mes péchés, à implorer la pitié de mon Créateur. Trop longtemps je l'ai fait souffrir en refoulant sa tendresse, comme souffre la mère, dont l'enfant refuse le lait et dont les mamelles se durcissent avec de vives douleurs. Je me lèverai et j'irai à mon père céleste ; le silence de la nuit, la sainteté de ce Calvaire, le souvenir de vos instructions, tout aidera la grâce divine à descendre en moi pour m'éclairer et me fortifier. Et puis, demain, lorsque l'aube blanchira le sommet de ces montagnes, j'irai me présenter à l'un de ces tribunaux, qui justifient ceux qui s'accusent ; je confesserai contre moi mes injustices au Seigneur, heureux si par mon repentir et la haine de mon péché, je puis mériter l'honneur de m'asseoir à sa table et de goûter le pain des anges !

— Faites cela et vous vivrez. Mais il faut que je vous quitte pour remplir un devoir qui m'appelle en bas. Adieu, n'oubliez pas vos résolutions et venez me voir avant de quitter Bétharram. Adieu, à demain, que la grâce de Dieu soit avec vous.

Marie, mère du divin amour.

Hé bien, comment avez-vous passé la nuit et cette matinée?

— O mon père!

— Hé bien!

— Je suis guéri, je suis content, je suis fort.

— Bien fort?

— Oh! oui. Dieu m'a pardonné, Dieu est avec moi, Dieu est en moi : je brave désormais tous mes ennemis, le démon, la chair, le respect humain. Je veux porter et glorifier Dieu en mon corps, en mon sang, en mon âme, en toutes mes puissances.

— Bénis soient Dieu et Notre-Dame!

— Oh! oui, bénie soit Notre-Dame! Je veux aussi la glorifier en suivant de loin les traces de ses vertus, en l'invoquant dans les périls du salut, en l'honorant tous les jours par des marques de respect, de confiance et d'amour. C'est à elle que je dois le contentement ineffable de ma conscience et la joie que vous voyez peinte sur mon visage. Ce matin, après avoir remercié Dieu du pardon de tous mes péchés, que je venais de confesser avec larmes, je me suis assis sur un banc en attendant une messe. Mes yeux se sont portés d'eux-mêmes sur l'image de Marie et j'ai fait sans effort une manière d'oraison mentale, ce qui ne m'est jamais arrivé. Je considérais la Sainte Vierge nous donnant à Bethléem son fils nouveau-né, comme Jésus mourant nous l'a donnée elle-même pour mère. Elle l'offrait à l'adoration des pasteurs et des rois avec une joie et un sourire qui me faisait fondre d'aise. Mon cœur délivré du poids de mes crimes se dilatait; je voyais des choses que je n'ai jamais vues dans la religion; j'apercevais dans les mystères de Jésus et de Marie de quoi nourrir ma piété tous les jours de ma vie. Je m'adressais tantôt à l'un, tantôt à l'autre, les remerciant, les bénissant, les suppliant d'avoir pitié de moi, de me donner du courage, de la persévérance. Enfin je ne sais combien de temps je passai dans ces divines ardeurs qui m'accompagnèrent à la Sainte Table. Vous m'en voyez encore tout échauffé.

— Courage, cher pélerin. Dieu et Marie vous protègent. Cependant je ne veux pas que vous quittiez Bétharram sans en emporter quelque souvenir. Tenez, voilà une médaille de Notre-Dame qui vous rappellera ses bienfaits envers vous et envers tous ceux qui abordent ici. Prenez aussi cette courte histoire de Bétharram ; vous y rencontrerez la vôtre au quatrième chapitre, intitulé : *Dévotions et Miracles* : car vous n'êtes pas le premier que la grâce de ce pélerinage a guéri et consolé.

— Puissé-je n'être pas non plus le dernier ! Puisse Dieu me faire la grâce de n'oublier jamais ce que j'y ai appris, et qu'à ma dernière heure mes lèvres expirantes murmurent encore le nom si doux de Notre-Dame de Bétharram !

V.

INDULGENCES ACCORDÉES PAR PIE IX A BÉTHARRAM.

I. Pour les Fidèles.

En vertu d'un indult daté du 28 mars 1852, tous les fidèles qui auront pieusement visité la Chapelle de Bétharram, et qui, après s'être confessés d'un cœur contrit, y auront reçu le sacrement de l'Eucharistie, gagneront une indulgence plénière.

La même indulgence est accordée à tous les fidèles, qui auront assisté au moins cinq fois à une mission ou à des exercices spirituels donnés par les missionnaires de Bétharram, et qui, après s'être confessés et avoir communié comme il faut, auront pieusement prié dans les intentions de Sa Sainteté le Pape Pie IX.

Indulgence partielle de cent jours pour ceux qui auront assisté à un exercice du matin dans les missions ou retraites spirituelles dont nous avons parlé.

II. Pour les Membres de la Société du Sacré-Cœur de Bétharram.

Indulgence plénière au jour de leur admission dans ladite société.

Indulgence plénière à l'article de la mort.

Indulgence plénière au jour de la fête du Sacré-Cœur de Jésus.

Indulgence plénière aux quatre fêtes, qui seront désignées par l'Ordinaire.

Indulgence de cent jours pour toute

œuvre de piété que feront les membres de la société du Sacré-Cœur de Bétharram.

Enfin, en vertu du même indult, le Supérieur actuel de Bétharram a personnellement obtenu la concession des indulgences attachées à l'autel privilégié, pour trois messes par semaine.

VI.

LA CAPÈRE DE BÉTHARRAM.

Nousté Dame deü cap deü poun,
Adyudat-mé à d'aquest'hore.

I.

Quoan lou Gabe, en braman, dits adiü à las pennes,
Y s'abance, à pinnets, à trubès boscs et prats,
Qué diséren qué craing dé rencountra cadénes
Süs bords dé mille flous oundrats.

LA

CHAPELLE DE BÉTHARRAM. (*)

Notre-Dame du bout du pont,
Venez à mon aide à cette heure.

I.

Quand le Gave en gémissant dit adieu aux montagnes et s'avance dans ses sauts hardis à travers les bois et les prés, on dirait qu'il craint de rencontrer des chaînes sur ses bords émaillés de fleurs.

(*) Nous avons cru devoir mettre à la fin de cette notice avec une traduction libre les jolis vers de M. Vincent de Bataille. Le lecteur nous en saura gré. La tradition rapportée dans ces vers est peut-être plus poétique et plus gracieuse qu'authentique. Nous n'en avons pas vu de traces avant le poème du chapelain Bastide.

Aü bou temps deüs Gastous, ue béroye Capère
Counsacrade peü pople à la May deü boun Diü,
La qui touts ans dé loucing lous Beürraimès(*) appère,
Qu'ère déyà ségude aü bord d'eü gran Arriü.

Mes n'ère pas labets coum adare noummade,
N'ère pas *Bétharram* : qu'eb bouy dounc racounta
Lous més amics, quin hou la Capère estréade
Deü noum qui tien despuch-ença.

II.

Drin aü dessus de la Capère,
Ue hilhotte deüs embirous
Houléyabe, bibe et leüyère,
Y qu'empléabe sa tistère
Dé las mey fresques de las flous.

Moun Diü ! la béroye flourette
Quis'miraillhe hens lou cristaü,
Hens lou cristaü d'aquère ayguette,
Y tà bribente, y tà clarette,
Qui ba bagna lous pès dé Pau !

(*) Nom que l'on donne à ceux qui vont en pélérinage à Bétharram.

Cependant il s'arrête tout à coup et baigne avec amour une jolie Chapelle consacrée par les bonnes gens à la Mère du bon Dieu. Déjà du temps des preux Gastons elle appelait de loin le pieux pélerin.

Mais on ne la nommait pas comme aujourd'hui Bétharram. Je vais, mes amis, vous conter d'où lui vient ce nom.

II.

Un peu au-dessus de la Chapelle, une fillette des environs folâtrait, vive et légère, et remplissait sa corbeille de fraîches et délicates fleurs.

Mon Dieu ! quel beau lys se mire là dans le cristal de cette eau claire et limpide, qui va baigner les pieds de la grand'ville !

Per la coueilhe ère s'esdébure;
Lou pè qué l'eslengue y qué cat.....
Gouyats! la terrible abenture!
Lou Gabe à l'arrouyouse allure
Qué la s'emboulègue aü capbat.

La praübotte eslhéba soun âme
A la qui sab noustes doulous:
Dé tire cadou bère arrame
D'aüprès deü loc oün Nouste-Dame
Adyade lous sous serbidous

Y, chens s'abusa, la maynade
Séseich, en l'estreignen pla hort,
La branque peü Ceü embiade:
Per aquet moyen ey saübade
Y douçamen miade aü bord.

Taüs las nôres du patriarche
Bes'crédèn pergudes, pari,
Quoan, pourtan l'arramette à l'arche,
La Couloume per sa désmarche
Deü délutyé announça la fi.

Pour la cueillir, Jeanne empressée s'avance; son pied glisse, elle tombe, ô douleur ! et le Gave emporte sa proie.

Alors la pauvrette élève son âme vers celle qui sait nos douleurs, et aussitôt du lieu, où Notre-Dame est vénérée, un beau rameau se présente.

Elle le saisit, élève au-dessus des eaux sa tête humide, s'y soutient et gagne doucement le bord.

Ainsi Noé se croyait perdu, ce semble, quand le rameau, que la Colombe tenait en son bec, lui annonça la fin du déluge.

D'ue fayçou tà merbeilhouse
Puch qu'es arringade aü trépas,
Migue, hens la Capère oumbrouse
Dé ta patroune bienhurouse
Bet'rémetté dé toun esglas.

Diü dé you! quin es marfandide!
Quin trembles dé reth y dé poü!
Dé ta raübe blangue gouhide
Y dé touns peüs, l'ounde limpide
En goutéyan, mouilhe lou seü.

« Chens boste ayde, qu'éri pergude, —
Ça dits-ère, — Reyne deü Ceü!
» Arrés n'a bist quoan souy cadude;
» Més bous qui m'abet entenude,
» M'abet adjudade aüta-leü.

» Boune May, pertout quens'démoure
» La tendresse dé boste amou,
» Quoan roullabi capbat l'escourre,
» Qu'abet dat ourdi à la cassourre
» Qu'embiesse ue arrame entà you.

Puisque Marie t'a sauvée par un miracle, va, mon enfant, va te remettre de ton effroi dans la Chapelle de ta bienheuse patrone.

Oh! comme te voilà glacée et frissonnante de froid et de peur! L'eau coule à grosses gouttes de tes cheveux et de ta robe collée sur ton corps.

» Sans votre aide, ô Marie, j'étais perdue, » dit-elle; personne ne m'avait vue tomber. Mais » vous qui m'avez entendue; vous êtes aussitôt » venue à mon secours.

» Bonne Mère, dont la tendresse veille en tout » temps sur nous, déjà le courant m'entraînait, » quand vous commandâtes à un arbre de me ten» dre sa plus belle branche,

» Youb'offri dounc ma bère arrame;
» Qué lab'dépaïsi sùs l'aüta;
» Y-mey que hey bot en moun âme
» Qu'aci daban bous, Nouste-Dame
» Gnaüt *beth arram* qué lusira.

« Sente-Bierye, n'oub-caü pas cragne
» Qué m'en desdigue lou mé pay:
» Sous moutous péchen la mountagne;
» Sous blads coubrèchen la campagne;
» Qu'eü héra counsenti ma may.

» Y you dab uc ardou nabère
» En mémori dé tout aço,
» Tout més, en aqueste Capère,
» Oùn boste sente amou m'appère,
» Bierye, queb'oubrirey moun cò! »

III.

La Capère despuch estou fort renoumade
Aü miey deüs *ex-voto* dé soun riche trésor,
Qué byn enter las mas d'ue imatye sacrade
L'ouffrande d'*ü beth arram d'or*.

» Je vous l'offre donc et la dépose sur votre
» autel en attendant le rameau d'or, que je ferai
» luire ici devant vous à tout jamais : je m'y en-
» gage en ce jour.

» Et ne craignez pas, Sainte Vierge, que mon
» père me dédise. Ses agneaux paissent sur la
» montagne, ses blés couvrent et jaunissent la
» plaine; ma mère obtiendra son aveu.

» Et moi, avec une ardeur toujours nouvelle,
» en mémoire de cet insigne bienfait, tous les mois,
» bonne Mère, je viendrai ici à vos pieds, vous
» ouvrir et vous donner mon cœur. »

III.

La Chapelle depuis fut en grand renom. Au milieu des *ex-voto* qui l'enrichissent, on voit entre les mains de la Mère de Dieu un beau rameau d'or.

D'aquiü, lou noum deü loc. Souben, loueing d'eü
[hourbari],
Oun qué sy ba goari dé toute passiou,
En retrempan soun âme aü pensa salutari
Deüs turmens qui per nous pati lou Saübadou.

Courret tà Bétharram, hilhots de la Nabarre,
Poplés de la Gascougne y deüs bords dé l'Adou :
La Bierye à Bétharram nou hou yamey abare
Deüs trésor deü dibin amou.

VINCENT BATAILLE.

De là le nom du lieu.... Souvent loin du tumulte, un cœur blessé s'y guérit et s'y trempe fortement en méditant sur les souffrances du Sauveur.

Allons, allons dévotement à Bétharram. A Bétharram nous trouverons la paix de l'âme; Marie essuiera nos pleurs et nous comblera des trésors du divin amour.

TABLE DES MATIÈRES.

Pau, Imprimerie de E. Vignancour.

www.ingramcontent.com/pod-product-compliance
Ingram Content Group UK Ltd.
Pitfield, Milton Keynes, MK11 3LW, UK
UKHW020328250726
13967UKWH00004B/1921

9 782013 073578